W9-CQI-405

ANDREA BOCELLI

Sentimento

Cover photo: Decca/Andrew Southam
Booklet photos: Andrea Bocelli by Decca/Andrew Southam
Lorin Maazel by Sasha Gushov
Winter Srl, Milano
Art direction: Paul Chessell

All photos and graphic reproduced by permission of Sugar s.r.l.

Thanks to all the publishers involved in this project.

our catalogue
on line

www.carisch.com

This album © 2003 by CARISCH s.r.l. - Milano

All rights reserved. No part of this book may be photocopied or reproduced in any way without permission. Unauthorized uses are punishable by law.

Sugar s.r.l.
Galleria del Corso, 4
20122 - Milano - Italy
Tel: + 39 02 770701
Fax: + 39 02 77070713
www.sugarmusic.com
www.andreabocelli.it
www.sentimento.info

OPERA&BLUE'S

Andrea Bocelli's management:
Michele Torpedine, MT Opera & Blue's,
Bologna, Italy
Contact: Cristina Gelsi.
Tel: + 39 051 25 11 17
Fax: +39 051 25 11 23
E-mail: mtorped@tin.it
www.int-operaandblues.it

CD 473 420-2
MC 473 420-4
(c) & (p) 2002 Sugar Srl
Distributed by

UNIVERSAL

UNIVERSAL CLASSICS & JAZZ

DUE TO COPYRIGHT RESTRICTIONS, WE ARE UNABLE TO INCLUDE
THE COMPOSITION "EN ARANJUEZ" (by Joaquín Rodrigo) IN THIS COLLECTION

Le temps fuit et sans retour
emporte nos tendresses
loin de cet heureux séjour ;
le temps fuit sans retour.
Zéphyrs embrasés,
versez-nous vos caresses ;
zéphyrs embrasés,
donnez-nous vos baisers.
Ah !
Belle nuit, ô nuit d'amour,
souris à nos ivresses ;
nuit plus douce que le jour,
ô belle nuit d'amour !
Ah, souris à nos ivresses,
nuit d'amour, ô nuit d'amour !
Ah !

[OFFENBACH; BARBIER, CARRÉ]

Barcarolle

L'aurora, di bianco vestita,
già l'uscio dischiude al gran sol,
di già con le rosee sue dita
carezza de' fiori lo stuol!

Commosso da un fremito arcano,
intorno il creato già par,
e tu non ti desti, ed invano
mi sto qui dolente a cantar.

Metti anche tu la veste bianca
e schiudi l'uscio al tuo cantor!
Ove non sei la luce manca,
ove tu sei nasce l'amor!

Mattinata

[LEONCAVALLO]

L'alba separa dalla luce l'ombra,
e la mia voluttà dal mio desire.
O dolci stelle, è l'ora di morire:
un più divino amor dal ciel vi sgombra.

Pupille ardenti, o voi senza ritorno,
stelle tristi, spegnetevi incorrotte!
Morir debbo. Veder non voglio il giorno,
per amor del mio sogno e della notte.

Chiudimi, o Notte, nel tuo sen materno,
mentre la terra pallida s'irrora;
ma che dal sangue mio nasca l'aurora
e dal sogno mio breve il sol eterno.

[TOSTI; D'ANNUNZIO]

L'alba separa

Vorrei ancora un attimo soltanto
per il sogno mio d'amor,
ed io saprei rapirti con il canto
dolcissimo del mio cuor.
Ma tu non senti questo mio grido
e forse non ricordi quando mi stringevi
e fra i baci mi sussurravi:
"Io non potrò dimenticarlo mai!"

Sogno d'amore
(Liebestraum)

[LISZT; BOCELLI]

Amore mio, sapessi com'è amaro!
Qui tutto mi parla ancora di te.
Io piango e rido e grido e parlo e tremo
e spero, per non morir!
Ma intanto brucia l'anima
vibrante nello spasimo,
e tutto s'accende un sogno d'amor:
carezze, baci, estasi, che non rivivrò.

O bocca amata, o mani che adorai,
mai più potrò amar così!
O voce cara, o cuor che a me si aprì,
perché l'amor finì!
Amor, amor, amor!

La serenata
[TOSTI; CESAREO]

Vola, o serenata,
la mia diletta è sola,
e, con la bella testa abbandonata,
posa fra le lenzuola:
o serenata, vola.
Splende pura la luna,
l'ale il silenzio stende,
e dietro i veli dell'alcova bruna
la lampada s'accende;
pura la luna splende.
Vola, o serenata, vola.
Oh, la!

Vola, o serenata,
la mia diletta è sola,
ma, sorridendo ancor mezzo assonnata,
torna fra le lenzuola;
o serenata, vola.
L'onda sogna sul lido,
e 'l vento su la fronda,
e ai baci miei ricusa ancor un nido
la mia signora bionda.
Sogna sul lido l'onda.
Vola, o serenata, vola.
Oh, la!

L'ultima canzone
[TOSTI; CIMMINO]

M'han detto che domani,
Nina, vi fate sposa,
ed io vi canto ancor la serenata!
Là, nei deserti piani,
là, ne la valle ombrosa,
oh, quante volte a voi l'ho ricantata!

"Foglia di rosa,
o fiore d'amaranto,
se ti fai sposa,
io ti sto sempre accanto,
foglia di rosa!"

Domani avrete intorno
feste, sorrisi e fiori,
né penserete ai nostri vecchi amori;
ma sempre, notte e giorno,
piena di passione,
verrà gemendo a voi la mia canzone:

"Foglia di menta,
o fiore di granato,
Nina, rammenta
i baci che t'ho dato,
foglia di menta!
La, la!"

Malia
[TOSTI; PAGLIARA]

Cosa c'era nel fior che m'hai dato?
Forse un filtro, un arcano poter!
Nel toccarlo, 'l mio cuor ha tremato,
m'ha l'olezzo turbato 'l pensier!
Ne le vaghe movenze che c'hai?
Un incanto vien forse con te?
Freme l'aria per dove tu vai,
spunta un fior ove passa 'l tuo piè!

Io non chiedo qual plaga beata
fino adesso soggiorno ti fu:
non ti chiedo se ninfa, se fata,
se una bionda parvenza sei tu!
Ma che c'è nel tuo sguardo fatale?
Cosa c'hai nel tuo magico dir?
Se mi guardi, un'ebbrezza m'assale,
se mi parli, mi sento morir!

La danza
[ROSSINI; PEPOLI]

Già la luna è in mezzo al mare,
mamma mia, si salterà;
l'ora è bella per danzare,
chi è in amore non mancherà.

Presto in danza a tondo a tondo
donne mie, venite qua,
un garzon bello e giocondo
a ciascuna toccherà.
Finchè in ciel brilla una stella
e la luna splenderà,
il più bel con la più bella
tutta notte danzerà.

Mamma mia, mamma mia,
già la luna è in mezzo al mare,
mamma mia, si salterà.
Frinche, frinche,
mamma mia si salterà!
La, la ra la ra, *ecc.*

Salta, salta, gira, gira,
ogni coppia a cerchio va,
già s'avanza, si ritira
e all'assalto tornerà.

Serra, serra colla bionda,
colla bruna va qua e là,
colla rossa va a seconda,
colla smorta fermo sta.
Viva il ballo a tondo a tondo,
sono un re, son un bascià,
il più bel piacer del mondo,
la più cara voluttà!

Mamma mia, mamma mia, *ecc.*

Ideale
[TOSTI; ERRICO]

Io ti seguii com'i ridi di pace
lungo le vie del cielo:
io ti seguii come un'amica face
de la notte nel velo.
E ti sentii ne la luce, ne l'aria,
nel profumo dei fiori;
e fu piena la stanza solitaria
di te, dei tuoi splendori.

In te rapito, al suon de la tua voce
lungamente sognai,
e de la terra ogni affanno, ogni croce
in quel giorno scordai.
Torna, caro ideal, torna un istante
a sorridermi ancora,
e a me risplenderà nel tuo sembiante
una novell'aurora.

Torna, caro ideal, torna, torna.

Plaisir d'amour

Piacer d'amor più che un dì sol non dura:
martir d'amor tutta la vita dura.

Tutto scordai per lei, per Silvia infida;
ella or mi scorda e ad altro amor s'affida.

Piacer d'amor più che un dì sol non dura:
martir d'amor tutta la vita dura.

"Finché tranquillo scorrerà il ruscel
là verso il mar che cinge la pianura
io t'àmerò" mi disse l'infedel —
scorre il rio ancor — ma cangiò in lei l'amor.

Piacer d'amor più che un dì sol non dura:
martir d'amor tutta la vita dura.

Plaisir d'amour ne dure qu'un moment ;
chagrin d'amour dure toute la vie.
[MARTINI; FLORIAN]

J'ai tout quitté pour l'ingrate Sylvie ;
elle me quitte et prend un autre amant.

Plaisir d'amour ne dure qu'un moment ;
chagrin d'amour dure toute la vie.

"Tant que cette eau coulera doucement
vers ce ruisseau qui borde la prairie,
je t'aimerai," me répétait Sylvie.
L'eau coule encor, elle a changé pourtant.

Plaisir d'amour ne dure qu'un moment ;
chagrin d'amour dure toute la vie.

Sogno
[TOSTI; STECCHETTI]

Ho sognato che stavi a ginocchi
come un santo che prega il Signor,
mi guardavi nel fondo degl'occhi,
sfavillava il tuo sguardo d'amor.
Tu parlavi e la voce sommessa
mi chiedea dolcemente mercè.
Solo un guardo che fosse promessa
imploravi curvata al mio piè.

Io tacevo e coll'anima forte
il desio tentatore lottò.
Ho provato il martirio e la morte,
pur mi vinsi e ti dissi di no.
Ma il tuo labbro sfiorò la mia faccia
e la forza del cor mi tradì.
Chiusi gli occhi, ti stesi le braccia,
ma sognavo e il bel sogno svanì!

Musica proibita

Ogni sera di sotto al mio balcone
sento cantar una canzon d'amore,
più volte la ripete un bel garzone
e batter mi sento forte il core.

Oh com'è dolce quella melodia,
oh com'è bella, quanto m'è gradita!
Ch'io la canti non vuol la mamma mia:
vorrei saper perché me l'ha proibita?

Ella non c'è ed io la vo' cantar
la frase che m'ha fatto palpitare:

" Vorrei baciare i tuoi capelli neri,
le labbra tue e gli occhi tuoi severi,
vorrei morir con te angel di Dio,
o bella innamorata, tesor mio."

Qui sotto il vidi ieri a passeggiare,
e lo sentiva al solito cantar:

" Stringimi, o cara, stringimi al tuo core,
fammi provar l'ebbrezza dell'amor."

[GASTALDON; FLICK-FLOCK]

Occhi di fata

O begli occhi di fata,
o begli occhi stranissimi e profondi,
voi m'avete rubata
la pace della prima gioventù.
Bella signora dai capelli biondi,
per la mia giovinezza che v'ho data
mi darete di più?

Ah sì, voi mi darete
dei vostri baci la febbre e l'ardore.
Voi pallida cadrete
fra le mie braccia aperte e sul mio cor.
Della mia gioventù prendete il fiore,
del mio giovine sangue il fior prendete,
ma datemi l'amor!

[DENZA; TREMACOLDO]

'A vucchella

Sì, comm'a nu sciorillo
tu tiene na vucchella
nu poco pocorillo
appassuliatella.

Meh, dammillo, dammillo
è comm'a na rusella,
dammillo nu vasillo,
dammillo, Cannetella!

Dammillo e pigliatillo
nu vaso piccerillo,
comm'a chesta vucchella
che pare na rusella,
nu poco pocorillo
appassuliatella.

Sì, tu tiene na vucchella
nu poco pocorillo
appassuliatella.

[TOSTI; D'ANNUNZIO]

Vorrei morire!

Vorrei morir ne la stagion dell'anno
quando è tiepida l'aria e il ciel sereno,
quando le rondinelle il nido fanno,
quando di nuovi fior s'orna il terreno.

Vorrei morir quando tramonta il sole,
quando sul prato dormon le viole.
Lieta farebbe a Dio l'alma ritorno
a primavera e sul morir del giorno.

Ma quando infuria il nembo la tempesta,
allor che l'aria si fa scura scura:
quando ai rami una foglia più non resta,
allora di morire avrei paura.

Vorrei morir quando tramonta il sole, *ecc.*
Vorrei morir, vorrei morir!

[TOSTI; COGNETTI]

Vaghissima sembianza

[DONAUDY]

Vaghissima sembianza
d'antica donna amata,
chi dunque l'ha ritratta,
con tanta simiglianza
ch'io guardo e parlo, e credo
d'avervi a me davanti
come ai bei dì d'amor?

La cara rimembranza
che in cuor mi s'è destata
sì ardente v'ha già fatta
rinascer la speranza,
che un bacio, un voto, un grido
d'amore più non chiedo
che a lei che muta è ognor.

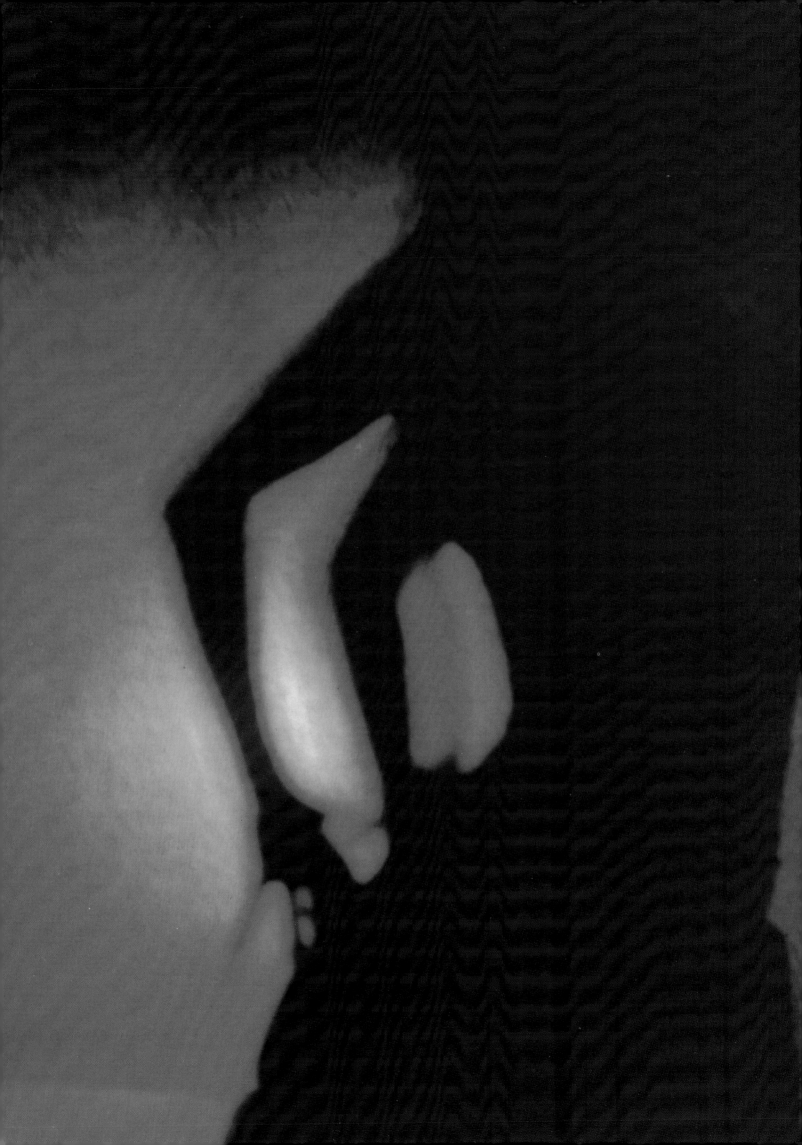

Barcarolle

Words by Jules Barbier, Michel Carre
Music by Jacques Offenbach
Arrangement by Lorin Maazel

Le temps fuit et sans re - tour em -

1

© 2002 by Sugar Musik Verlags Gmbh / Philomuse LLC amm. Helene Blue Music Ltd
Sub-Publishers for Italy: SUGARMUSIC S.p.a. - Galleria del Corso, 4 - 20122 Milano / CAFÉ CONCERTO s.r.l. - Viale Majno, 38 - 20129 Milano
All rights reserved. International Copyright secured.

2

quel - le jour, ô bel - le nuit d'a - mour!

Ah, sou - ris à nos i - vres - - - - ses, nuit____ d'a -

mour,____ ô nuit____ d'a - mour! Ah!____ Ah!_____

4

Mattinata

Words and Music by Ruggero Leoncavallo
Arrangement by Lorin Maazel

© 2002 by Sugar Musik Verlags Gmbh / Philomuse LLC amm. Helene Blue Music Ltd
Sub-Publishers for Italy: SUGARMUSIC S.p.a. - Galleria del Corso, 4 - 20122 Milano / CAFÉ CONCERTO s.r.l. - Viale Majno, 38 - 20129 Milano
All rights reserved. International Copyright secured.

se - i la lu - ce man - ca, o - ve tu se - i na - sce l'a -

mor!

Clarinets

Trumpet Solo

L'alba separa dalla luce l'ombra

Words by Gabriele d'Annunzio
Music by Francesco Paolo Tosti

© by BMG Ricordi S.p.A.
All rights reserved. International Copyright secured.

Sogno d'amore

after Liebestraum No. 3

Words by Andrea Bocelli
Music by Franz Liszt
Arrangement by Lorin Maazel

© 2002 by Sugar Musik Verlags Gmbh / Philomuse LLC amm. Helene Blue Music Ltd
Sub-Publishers for Italy: SUGARMUSIC S.p.a. - Galleria del Corso, 4 - 20122 Milano / CAFÉ CONCERTO s.r.l. - Viale Majno, 38 - 20129 Milano
All rights reserved. International Copyright secured.

L'ultima canzone

Words by Francesco Cimmino
Music by Francesco Paolo Tosti

© by BMG Ricordi S.p.A.
All rights reserved. International Copyright secured.

ta!___ Oh quan-te vol-te___ a voi l'ho ri-can-

ta - ta!___

Fo - glia di ro - sa, o fior d'a - ma - ran - to___

La serenata

Words by Giovanni Alfredo Cesareo
Music by Francesco Paolo Tosti

38

© by BMG Ricordi S.p.A.
All rights reserved. International Copyright secured.

con la bel - la te - sta ab - ban - do - na - ta, po - sa fra le len -

zuo - - - la: o se - re - na - ta, vo - la,

o se - re - na - ta vo - la. Splen - de pu - ra la

Malia

Words by Rocco Emanuele Pagliara
Music by Francesco Paolo Tosti
Arrangement by Lorin Maazel

47

© 2002 by Sugar Musik Verlags Gmbh / Philomuse LLC amm. Helene Blue Music Ltd
Sub-Publishers for Italy: SUGARMUSIC S.p.a. - Galleria del Corso, 4 - 20122 Milano
CAFÉ CONCERTO s.r.l. - Viale Majno, 38 - 20129 Milano
All rights reserved. International Copyright secured.

51

guar - di u n'eb - brez - za m'as - sa - le, se mi par - li, mi

sen - to___ mo - rir!

col canto

Pno, Celesta

col canto

53

La danza

Words by Carlo Pepoli
Music by Gioachino Rossini
Arrangement by Lorin Maazel

© 2002 by Sugar Musik Verlags Gmbh / Philomuse LLC amm. Helene Blue Music Ltd
Sub-Publishers for Italy: SUGARMUSIC S.p.a. - Galleria del Corso, 4 - 20122 Milano / CAFÉ CONCERTO s.r.l. - Viale Majno, 38 - 20129 Milano
All rights reserved. International Copyright secured.

65

69

Sogno

Words by Lorenzo Stecchetti
Music by Francesco Paolo Tosti
Arrangement by Lorin Maazel

70

Lyrics (Voice):
Ho so-gna-to che sta-vi a gi-noc-chi co-me un san-to che pre-ga il Si-gnor,_____ mi guar-

© 2002 by Sugar Musik Verlags Gmbh / Philomuse LLC amm. Helene Blue Music Ltd
Sub-Publishers for Italy: SUGARMUSIC S.p.a. - Galleria del Corso, 4 - 20122 Milano / CAFÉ CONCERTO s.r.l. - Viale Majno, 38 - 20129 Milano
All rights reserved. International Copyright secured.

Ideale

Words by Carmelo Errico
Music by Francesco Paolo Tosti
Arrangement by Lorin Maazel

© 2002 by Sugar Musik Verlags Gmbh / Philomuse LLC amm. Helene Blue Music Ltd
Sub-Publishers for Italy: SUGARMUSIC S.p.a. - Galleria del Corso, 4 - 20122 Milano / CAFÉ CONCERTO s.r.l. - Viale Majno, 38 - 20129 Milano
All rights reserved. International Copyright secured.

guii   co-me u-n'a-mi-ca   fa - ce   de la not-te nel ve - lo.   E ti sen-

tii_____ ne la lu - ce,   ne l'a-ria, nel pro-fu - mo dei fio - ri,   e fu

pie - na la stan-za so-li - ta - ria di te, dei tuoi splen-do - ri.

Plaisir d'amour

Words by Jean Pierre Claris De Florian
Music by Jean Paul Martini
Arrangement by Lorin Maazel

81

© 2002 by Sugar Musik Verlags GmbH / Philomuse LLC amm. Helene Blue Music Ltd
Sub-Publishers for Italy: SUGARMUSIC S.p.a. - Galleria del Corso, 4 - 20122 Milano / CAFÉ CONCERTO s.r.l. - Viale Majno, 38 - 20129 Milano
All rights reserved. International Copyright secured.

grin d'a - - mour du - re tout - te la _ vi - - -

tir d'a - - mor tut - ta la _ vi-ta _ du - - -

e. _____

ra. _____

Musica proibita

Words and Music by Stanislaus Gastaldon
Arrangement by Lorin Maazel

© 1994 by CARISCH s.r.l. - Via Campania, 12 - Zona Ind. Sesto Ulteriano, 20098 S. Giuliano Milanese (Mi)
All rights reserved. International Copyright secured.

"Strin - gi-mi o ca - ra, strin-gi-mi al tuo co - re, fam - mi pro -

var l'eb-brez-za del - l'a - mor". (Tutti)

Occhi di fata

Words by Tremacoldo
Music by Luigi Denza

O be - gli oc - chi di fa - - - ta, _____ o be -

© by BMG Ricordi S.p.A.
All rights reserved. International Copyright secured.

98

'A vucchella

Words by Gabriele d'Annunzio
Music by Francesco Paolo Tosti

© 1907 by BMG Ricordi S.p.A.
All rights reserved. International Copyright secured.

Dam - mil - lo e pi - glia -

til - lo, _____ nu va - so pic - ce - ril - lo, _____

_ nu va - so pic - ce - ril - - - lo,

Vorrei morire!

Words by L. M. Cognetti
Music by Francesco Paolo Tosti
Arrangement by Lorin Maazel

106

Vor - rei mo - rir ne la sta - gion del - l'an - no quan-do è

© 2002 by Sugar Musik Verlags Gmbh / Philomuse LLC amm. Helene Blue Music Ltd
Sub-Publishers for Italy: SUGARMUSIC S.p.a. - Galleria del Corso, 4 - 20122 Milano
CAFÉ CONCERTO s.r.l. - Viale Majno, 38 - 20129 Milano
All rights reserved. International Copyright secured.

tie-pi-da l'a-ria e il ciel se - re - no, quan-do le ron-di-nel-le il ni-do

fan-no, quan-do di nuo-vi fior s'or-na il ter - re-no. Vor-rei mo - rir.

vor-rei mo - rir, vor-rei mo - rir quan-do tra-mon-ta il so - le, quan-do sul

111

Vaghissima sembianza

Words and Music by Stefano Donaudy
Arrangement by Lorin Maazel

113

© 2002 by Sugar Musik Verlags Gmbh / Philomuse LLC amm. Helene Blue Music Ltd
Sub-Publishers for Italy: SUGARMUSIC S.p.a. - Galleria del Corso, 4 - 20122 Milano / CAFÉ CONCERTO s.r.l. - Viale Majno, 38 - 20129 Milano
All rights reserved. International Copyright secured.

www.carisch.com

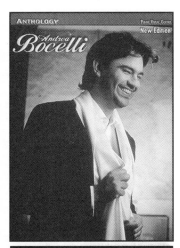

ML 2278 Piano, voal, guitar
Anthology

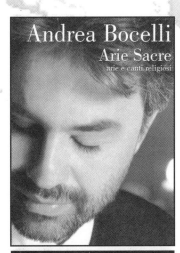

ML 1855 Piano, voal, guitar
Arie Sacre

ML 2154 Piano, voal, guitar
Cieli Di Toscana

ML 2273 Piano, voal, guitar
Sentimento

ML 1511 Melody Lines, Guitar
Romanza

ML 1738 Piano, voal, guitar
Sogno

ML 2016 Piano
Verdi

Sheet Music

ML 1737 Piano, voal, guitar
Canto della Terra

ML 1576 Piano, voal
**Con te Partirò /
Time to say goodbye**

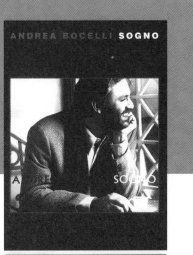

ML 1736 Piano, voal, guitar
Sogno

INGRAF s.r.l. - Via Monte S. Genesio 7 - Milano
Stampato in Italia - Printed in Italy - Imprimé en Italie 2003